2 La musique des lettres

★ Pour découvrir le nom d'un instrument, trouve le son (la lettre) commun(e) aux 3 noms d'objets, d'animaux ou de parties du corps de chaque série.

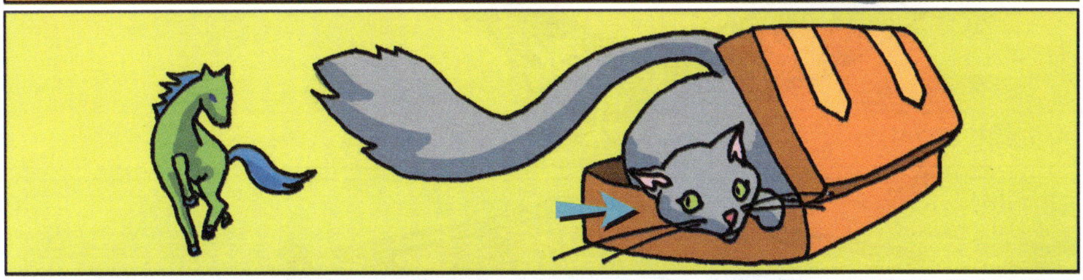

2 Réponse

conseil

Pour bien lire et bien orthographier, il est indispensable de repérer les « sons » produits par les lettres dans les mots. Entraînez l'enfant à les distinguer oralement et à les mettre en relation avec la lettre ou le groupe de lettres qui les traduit à l'écrit.

P

I

A

N

O

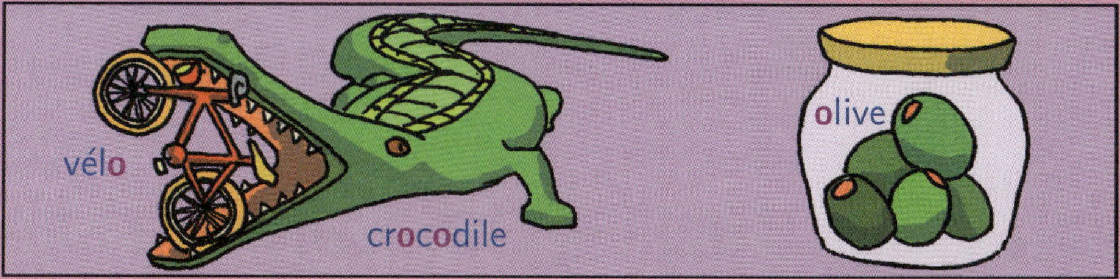

1 La carte cachée

maths

★ Pour connaître le nom de la carte cachée, recopie dans les ronds verts les lettres placées dans les carrés. Observe toutes les figures, ligne par ligne, pour ne pas en oublier.

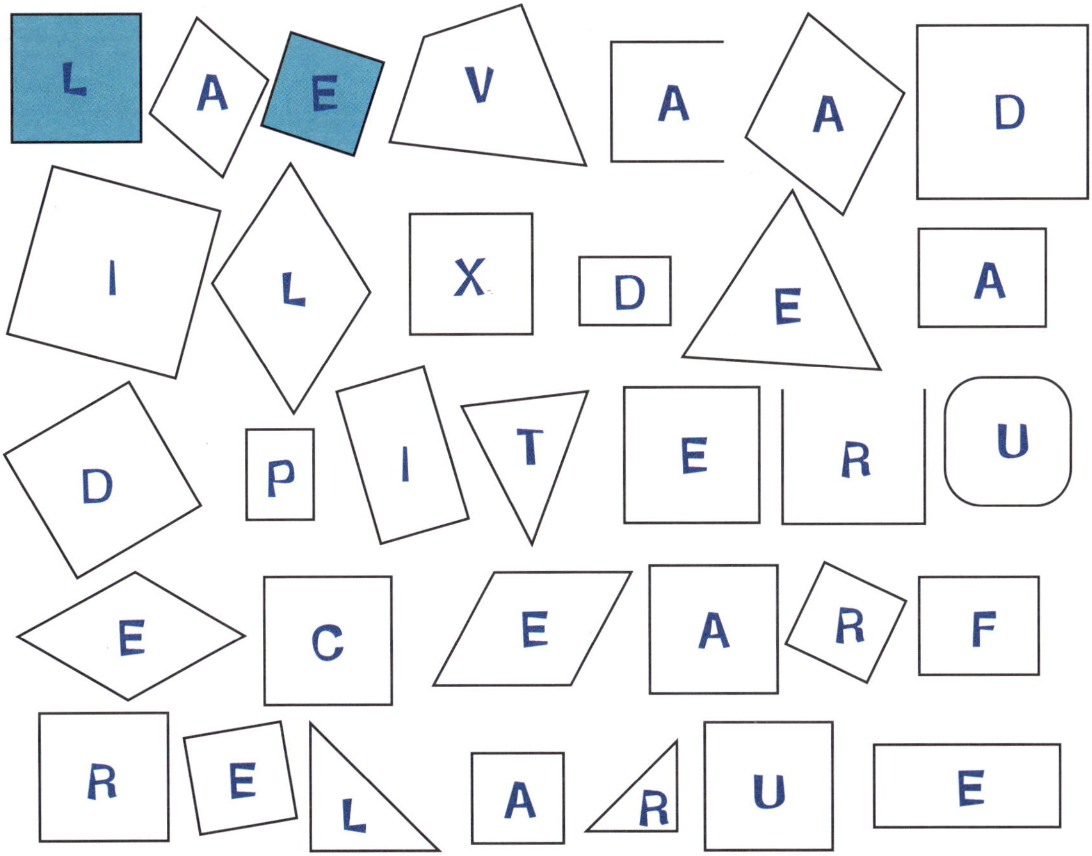

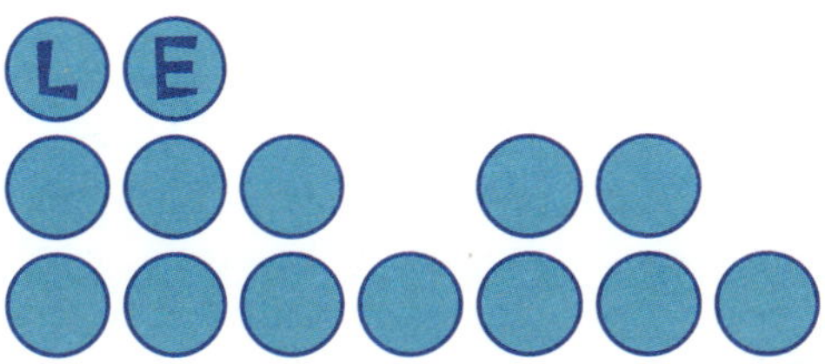

1 Réponse

conseil

Au CP, les propriétés du carré ne sont pas détaillées. En revanche, il faut apprendre à le percevoir quelle que soit son orientation. Si l'enfant hésite sur certaines figures (ex. 1), vérifiez avec lui qu'en penchant légèrement la page, on peut ou non retrouver une image « traditionnelle » du carré (ex. 2).

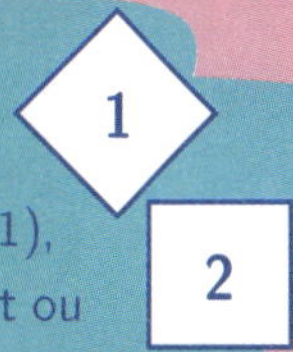

LE
DIX DE
CARREAU

3 Pas une minute à perdre

maths

★ Chaque image contient un indice permettant de reconstituer l'après-midi de Colin et Coline. Numérote les images de 1 à 6 pour les remettre dans l'ordre.

3 Réponse

conseil

Construisez une pendule en carton avec l'enfant. Pour apprendre à lire l'heure, commencez par les heures « justes ». Introduisez la demi-heure, puis le quart. Ce seront ensuite les « heures moins le quart ». Le reste viendra presque tout seul. Faites raconter l'après-midi de Colin et Coline.

4 La pluie et le beau temps

géo

★ Devine la ville où habite chaque enfant en t'aidant des 3 cartes et des quadrillages. Écris les noms des villes en lettres « attachées ».

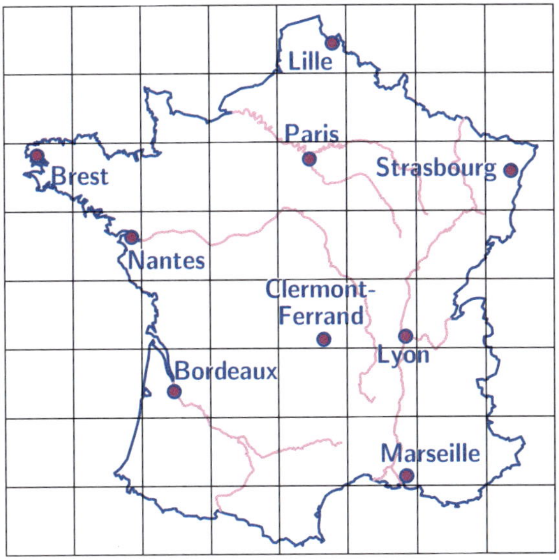

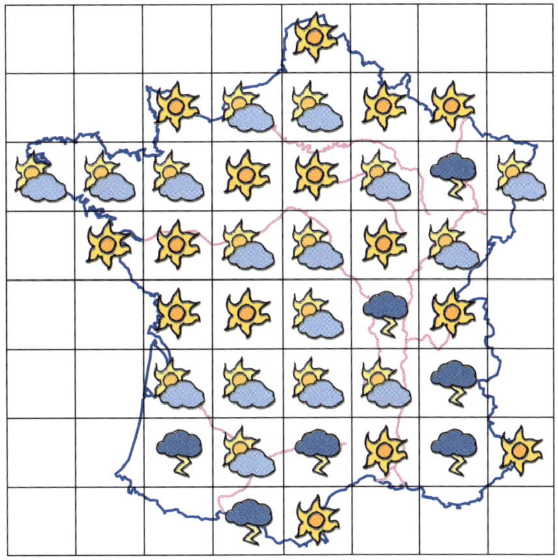

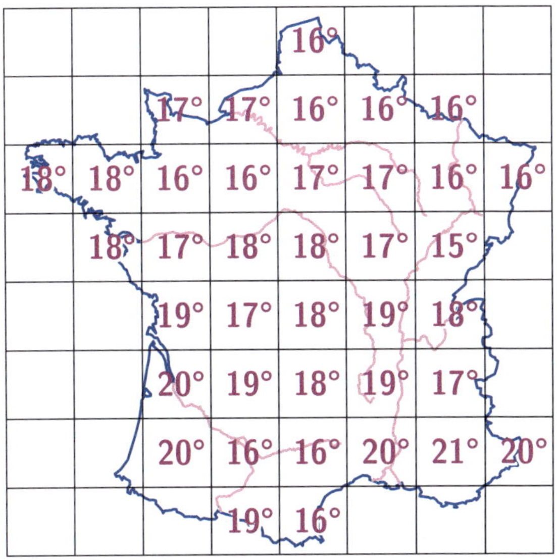

 17° ______________________

 20° ______________________

 19° ______________________

 20° ______________________

 16° ______________________

4 Réponse

Le jeu croise 3 critères (nom de ville, état du ciel, température) qui nécessitent un repérage sur un quadrillage. Si l'enfant n'utilise pas spontanément cette aide visuelle, localisez avec lui les villes des deux premiers enfants avant de le laisser terminer seul. L'enfant peut éventuellement numéroter les lignes et les colonnes pour faciliter le repérage.

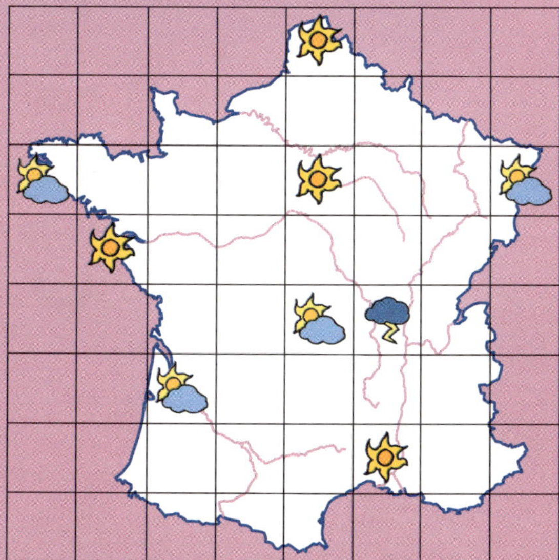

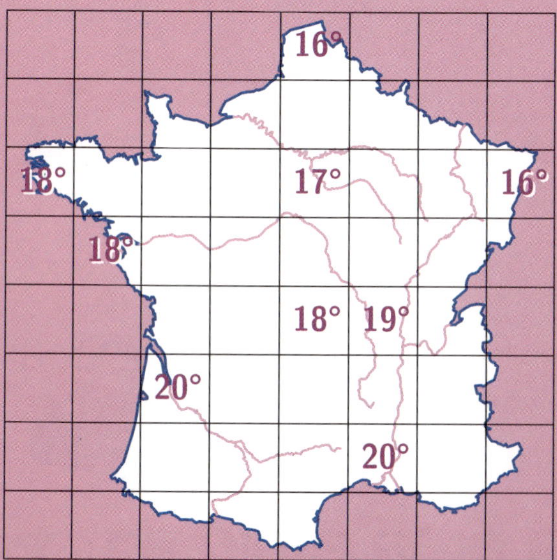

5 Ne tombez pas dans le panneau…

français

★ En coloriant les surfaces où le mot contient le son [o], une silhouette apparaîtra. Colorie le panneau correspondant.

un gâteau au chocolat
EAU AU O

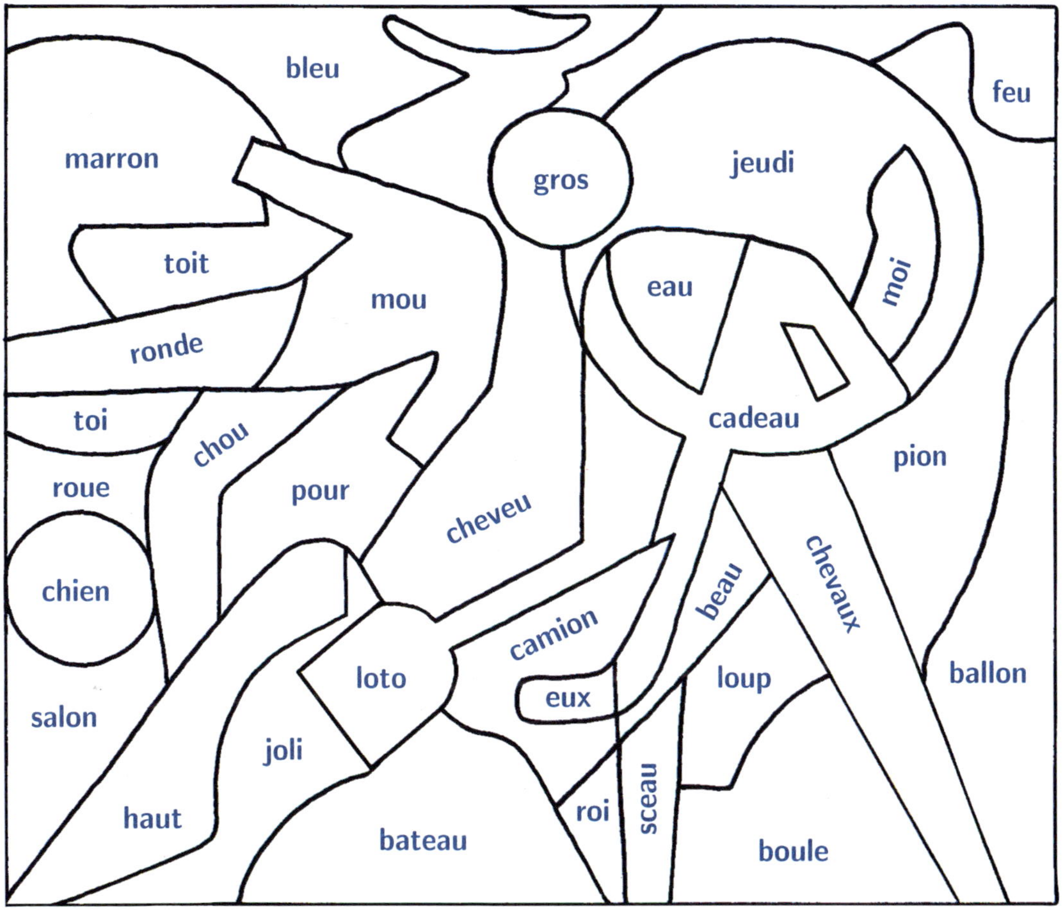

5 Réponse

conseil

Assurez-vous bien que l'enfant ne confond pas ce qu'il voit et ce qu'il entend. Par exemple, dans le mot *boire*, on voit la lettre O mais on n'entend pas le son [o] ; dans le mot *peau*, c'est le contraire.

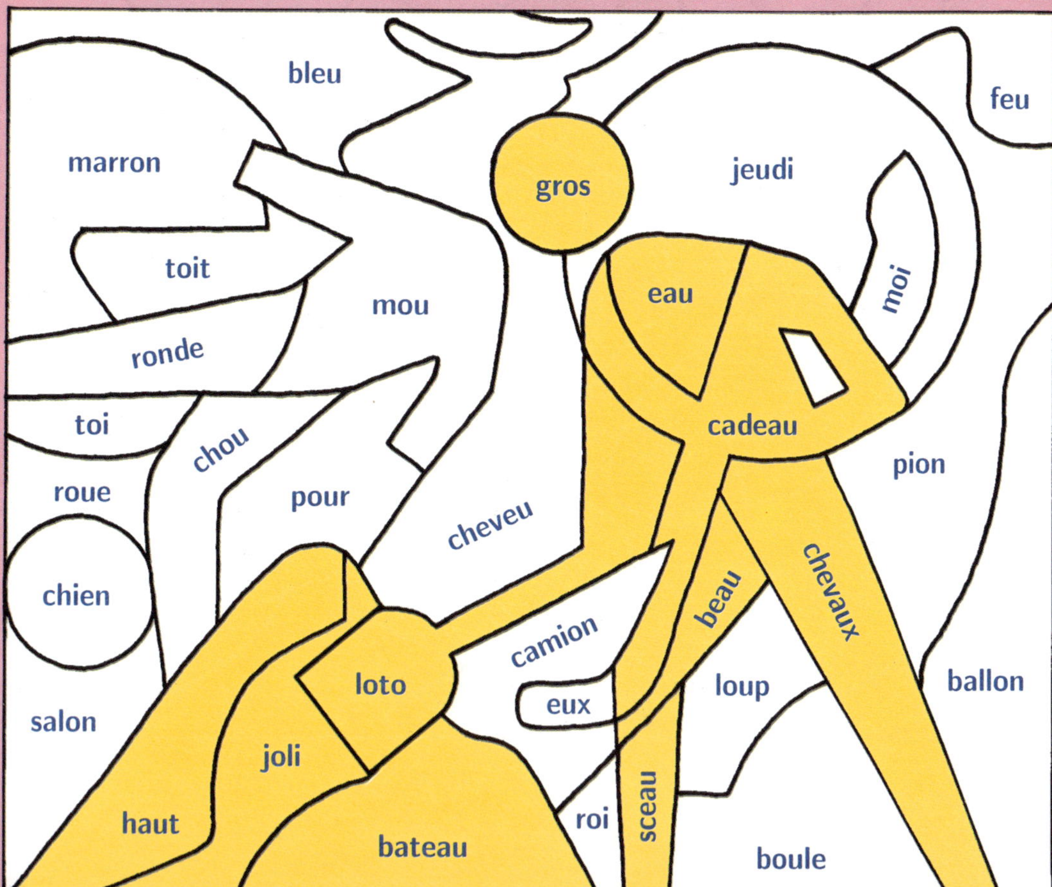

6 La course

★ En coloriant en jaune les cases dont la valeur est égale au nombre de concurrents, tu connaîtras le numéro du gagnant. Entoure-le.

1 + 7	6	5 + 5	4 + 6	4 + 4	2 + 6
6 + 1	9	5 + 4	6 + 3	4 + 5	7 + 3
5 + 2	7 + 2	36	2 + 3	8 + 1	1 + 5
1 + 7	9 + 0	3 + 3	2 + 5	2 + 7	3 + 3
0 + 0	1 + 8	3 + 6	2 + 7	0 + 9	3 + 4
3 + 4	18	2 + 4	5 + 1	9	0 + 8
8 + 0	3 + 1	6 + 2	0	7 +2	2 + 2
4 + 3	81	45	0 + 6	5 + 4	27
6 + 0	3 + 6	8 + 1	9	6 + 3	6 + 6
3 + 2	5 + 6	6 + 4	3 + 5	5 + 5	5 + 3

6 Réponse

conseil

N'hésitez pas à inciter l'enfant à utiliser ses doigts pour compter tant que la table d'addition n'est pas maîtrisée.
Vérifiez qu'il n'y a pas de confusion entre une écriture additive (1 + 8) et un nombre à 2 chiffres (18).

1 + 7	6	5 + 5	4 + 6	4 + 4	2 + 6
6 + 1	9	5 + 4	6 + 3	4 + 5	7 + 3
5 + 2	7 + 2	36	2 + 3	8 + 1	1 + 5
1 + 7	9 + 0	3 + 3	2 + 5	2 + 7	3 + 3
0 + 0	1 + 8	3 + 6	2 + 7	0 + 9	3 + 4
3 + 4	18	2 + 4	5 + 1	9	0 + 8
8 + 0	3 + 1	6 + 2	0	7 +2	2 + 2
4 + 3	81	45	0 + 6	5 + 4	27
6 + 0	3 + 6	8 + 1	9	6 + 3	6 + 6
3 + 2	5 + 6	6 + 4	3 + 5	5 + 5	5 + 3

7 Désordre à la basse-cour !

français

★ Recopie dans la grille les noms d'animaux, en mettant les lettres dans le bon ordre. Dans les cases colorées, tu trouveras le nom de la fermière.

7 Réponse

conseil

La plupart des animaux sont en principe connus, ce qui devrait faciliter la remise en ordre des mots. Peut-être devrez-vous aider l'enfant pour la pintade ?

8 Voyage dans le temps

histoire

★ Entoure les 9 éléments qui ne pouvaient pas exister au temps des chevaliers.

8 Réponse

conseil

La notion de temps historique est très longue à se mettre en place.
Les jeux sur les anachronismes contribuent à mettre en place des repères.

9 Un mot de trop !

★ Dans chaque phrase, il y a un mot de trop. En recopiant ces mots dans l'ordre, tu sauras ce que Lucie a dit le jour de son anniversaire.

Je

9 Réponse

Utilisez les jeux de recherche « d'intrus » dans une phrase pour montrer que lire consiste non seulement à déchiffrer un écrit, mais aussi et surtout à en rechercher le sens.

conseil

Je suis vraiment très contente.

10 Couleurs d'écailles

★ Pour pouvoir colorier le petit poisson, termine d'abord le coloriage du gros poisson en respectant bien l'ordre des 3 couleurs (jaune, vert, bleu). Repère les couleurs des parties numérotées et reporte-les sur le petit poisson.

10 Réponse

conseil

Montrez à l'enfant comment on a choisi les couleurs des zones 1 et 2 données en modèle sur le petit poisson.
Aidez-le éventuellement à repérer l'alternance régulière des 3 couleurs (bleu – jaune – vert – bleu – jaune…) sur les rangées d'écailles et les nageoires.

11 Le loto de Toto

maths

★ Des jetons du loto sont tombés de la boîte où ils étaient rangés dans l'ordre. En t'aidant de tous les numéros visibles, trouve les numéros des 6 jetons cachés.

11 Réponse

conseil

Pour trouver les 6 numéros manquants, il faut d'abord placer au bon endroit ceux que l'on voit en désordre sous la boîte. Les numéros manquants se trouvent par déduction. Vous pouvez demander à l'enfant de les écrire par ordre croissant.

12 Chacun chez soi
(Modèles à découper)

★ Ces personnages sont utilisés dans la fiche 12.
Découpe-les en suivant les pointillés.

12 Chacun chez soi

français a?

★ Découpe les personnages de la page précédente et colle-les aux endroits indiqués par le texte.

Lydia travaille dans la chambre bleue. Franck joue dans la salle de séjour. Dans la chambre jaune, Emma dort. Maman lit dans le bureau et papa téléphone dans le salon, à côté de Franck. Plume attend dans la cuisine.

12 Réponse

conseil

Ce jeu de découpage-collage permet d'évaluer la qualité de la lecture. Montrez bien à l'enfant que tous les indices figurent dans le texte et sur le plan de la maison. Aidez-le, si nécessaire, à éviter les pièges (couleurs des chambres, confusion entre *salle de **séjour*** et *salle de **bains***).

13 De l'autre côté du miroir

maths

★ Entoure les 7 erreurs commises en dessinant le reflet du personnage dans le miroir.

★ Complète le dessin de droite, en t'aidant du quadrillage et en n'oubliant pas que le dessin de gauche est son reflet.

13 Réponse

Ne soyez pas tentés d'entrer dans des explications détaillées sur la symétrie. Au niveau du CP, on se contente d'observer des transformations simples. Si l'enfant a des difficultés, utilisez un miroir pour lui faire observer le phénomène.

14 Bouquet d'anniversaire

maths

★ Pour l'anniversaire de Magali qui a 27 ans, Jeanne veut offrir 2 fleurs rouges qui auront ensemble 27 pétales.

Une addition

$$\begin{array}{r} 1\;1 \\ +\;1\;6 \\ \hline =\;.\;\;. \end{array} \rightarrow \begin{array}{r} 1\;1 \\ +\;1\;6 \\ \hline =\;.\;7 \end{array} \rightarrow \begin{array}{r} 1\;1 \\ +\;1\;6 \\ \hline =\;2\;7 \end{array}$$

Sauras-tu reconnaître et colorier en rouge les 2 fleurs qui conviennent ?

14 Réponse

conseil

Il est plus économique de procéder par addition après avoir compté les pétales de chaque fleur. Cependant, un enfant moins sûr de lui pourra procéder par simple comptage des pétales jusqu'à obtenir 27.

15 Quelle histoire ?

★ En partant de la flèche verte, recompose une phrase. Entoure les 3 dessins correspondants.

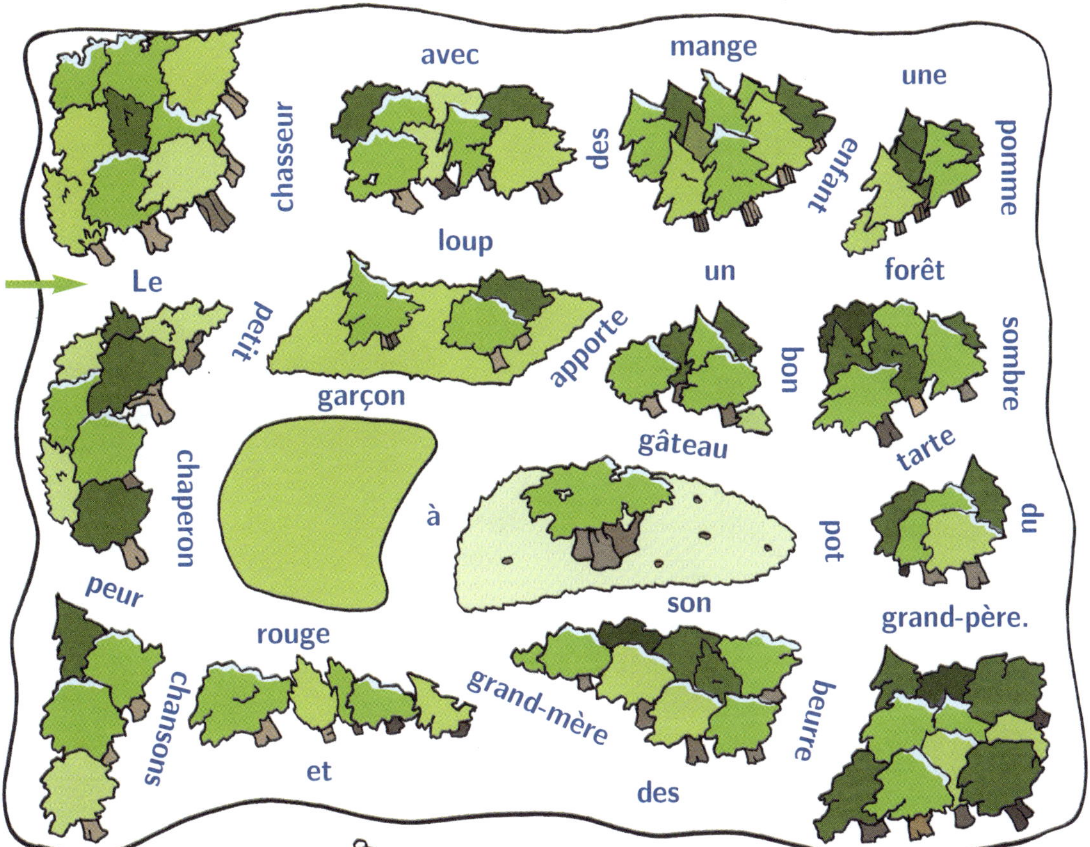

15 Réponse

conseil

On peut repérer le dernier mot de la phrase : c'est le seul qui est suivi d'un point.
Ce jeu sera l'occasion de rappeler qu'une phrase est une succession de mots, qui débute par une majuscule, se termine par un point et présente un sens complet.

16 Neuf et un… dix

★ Complète les cases vides du tableau en dessinant des ronds de couleur, de façon qu'il y en ait toujours 10 sur chaque ligne et dans chaque colonne.

9 + 1 = 10
8 + 2 = 10
7 + 3 = 10
6 + 4 = 10
5 + 5 = 10
1 + 2 + 3 + 4 = 10…

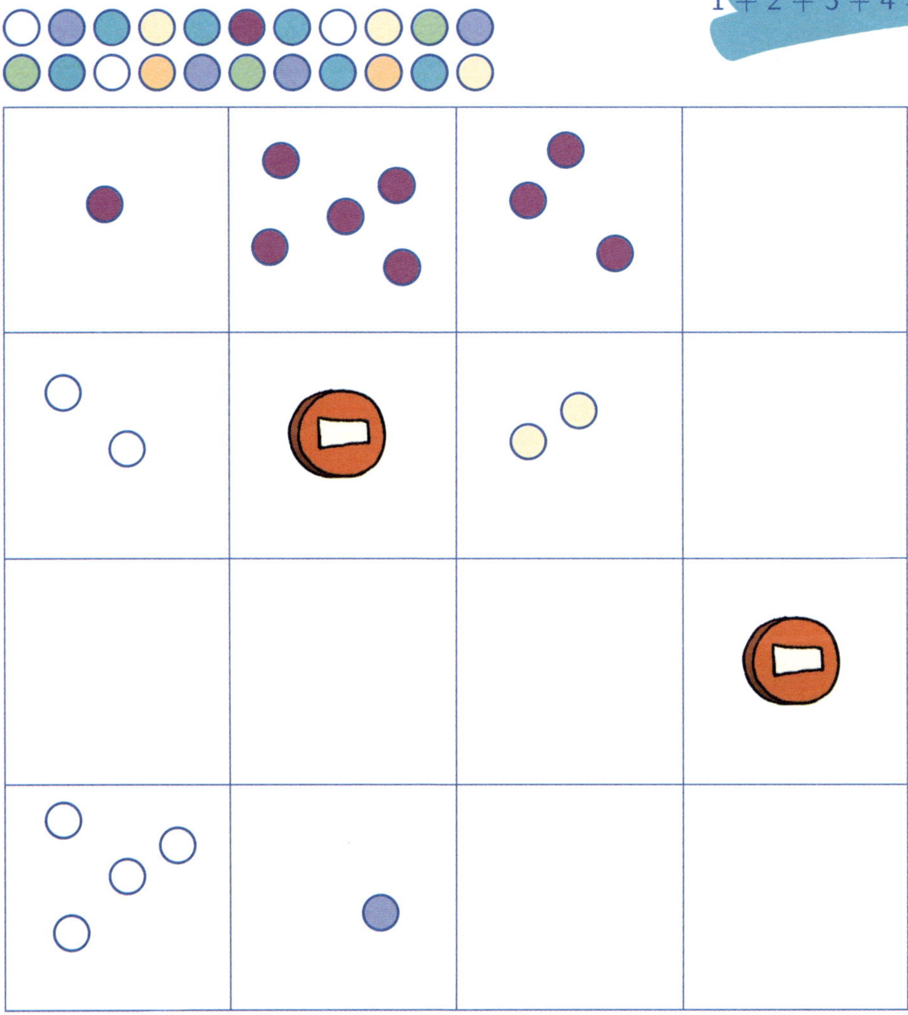

= 10 (ligne 1)
= 10 (ligne 2)
= 10 (ligne 3)
= 10 (ligne 4)

= 10 = 10 = 10 = 10

16 Réponse

conseil

L'enfant peut se contenter d'obtenir 10, ligne par ligne : dans ce cas, les sommes dans les colonnes ne seront pas forcément égales à 10.
Demandez-lui de bien vérifier toutes les sommes.
Les couleurs des ronds peuvent être une aide, mais il n'est pas nécessaire de les placer comme dans le corrigé.

1	+ 5	+ 3	+ 1	= 10
+ 2	+ 0	+ 2	+ 6	= 10
+ 3	+ 4	+ 3	+ 0	= 10
+ 4	+ 1	+ 2	+ 3	= 10
= 10	= 10	= 10	= 10	

17 Le bon plan

géo

★ Pour rendre visite à ses amis, Suzy a fait un plan de la ville et marqué d'une croix les emplacements de leurs maisons. Colorie les maisons de la même couleur que les croix sur le plan.

17 Réponse

conseil

Bien observer l'orientation différente du plan et de la vue de la ville.

L'enfant peut procéder de deux manières :

1. En essayant de suivre l'itinéraire tracé sur le plan.
2. En prenant des repères faciles (rivière, parc, fontaine).

18 Fable à colorier

français

★ Pour compléter le titre du dessin caché, colorie d'une même couleur les parties contenant un mot devant lequel on peut écrire « un ».

nom masculin :
un (le) pinceau
nom féminin :
une (la) brosse

Le ____________________ et le ____________________.

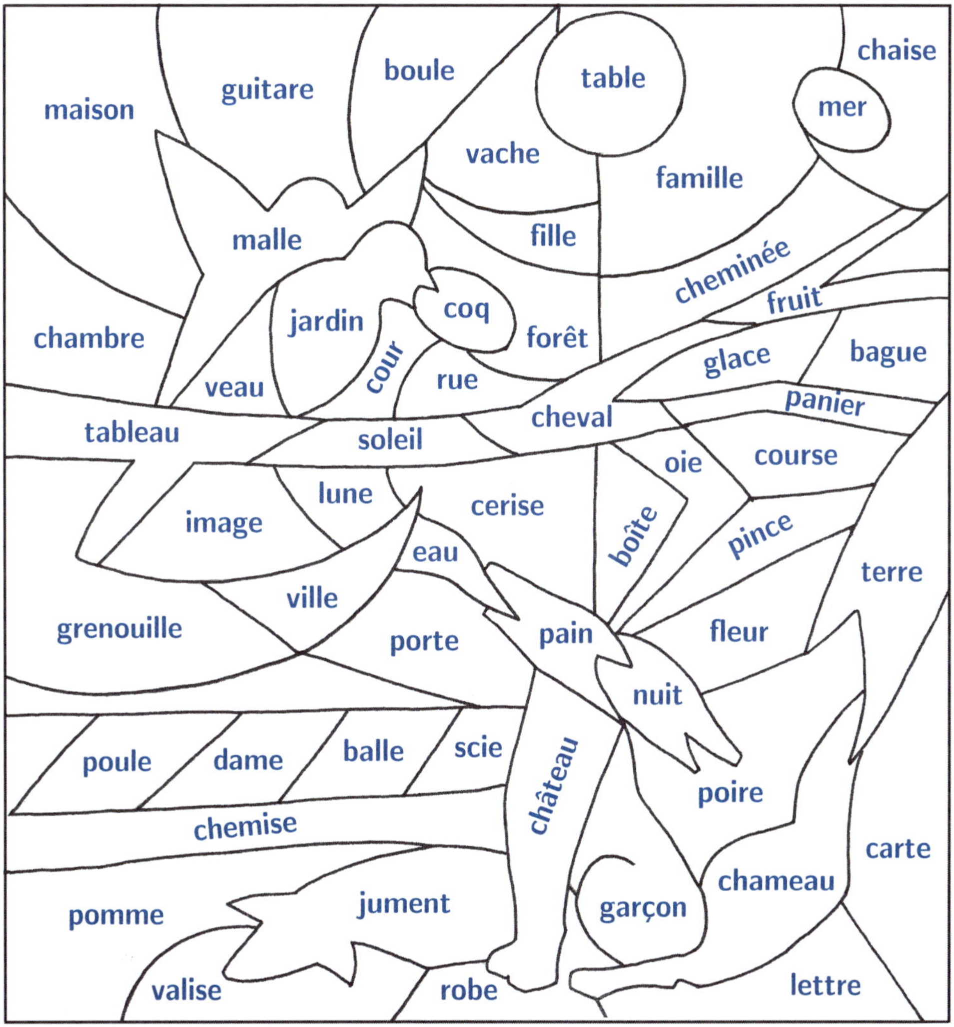

18 Réponse

conseil

Si l'enfant ne connaît pas la fable *Le corbeau et le renard*, lisez-la lui. S'il en connaît le thème, faites-le lui raconter.

Le corbeau et le renard.

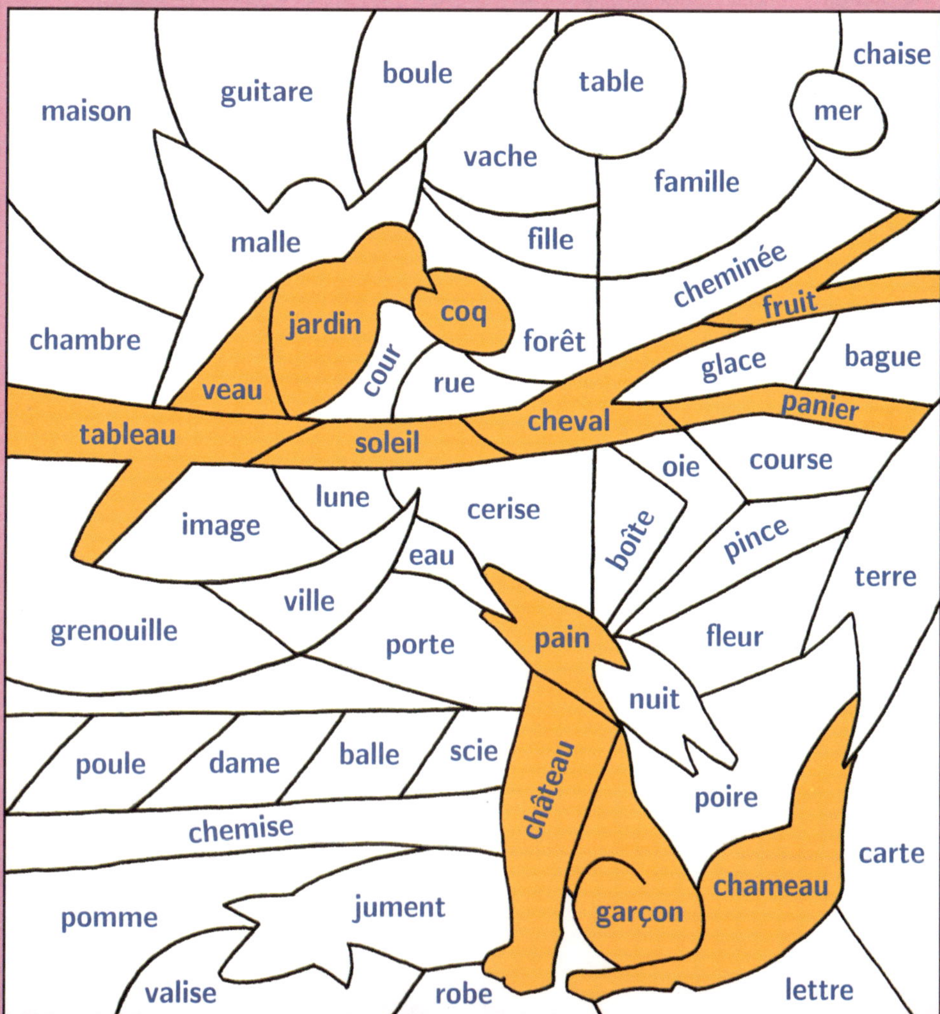

19 Jeu de nombres

maths

★ Joins les nombres du plus petit au plus grand et entoure la phrase qui correspond au dessin.

Karim joue à la balle.

Karim joue de la guitare.

Karim joue aux boules.

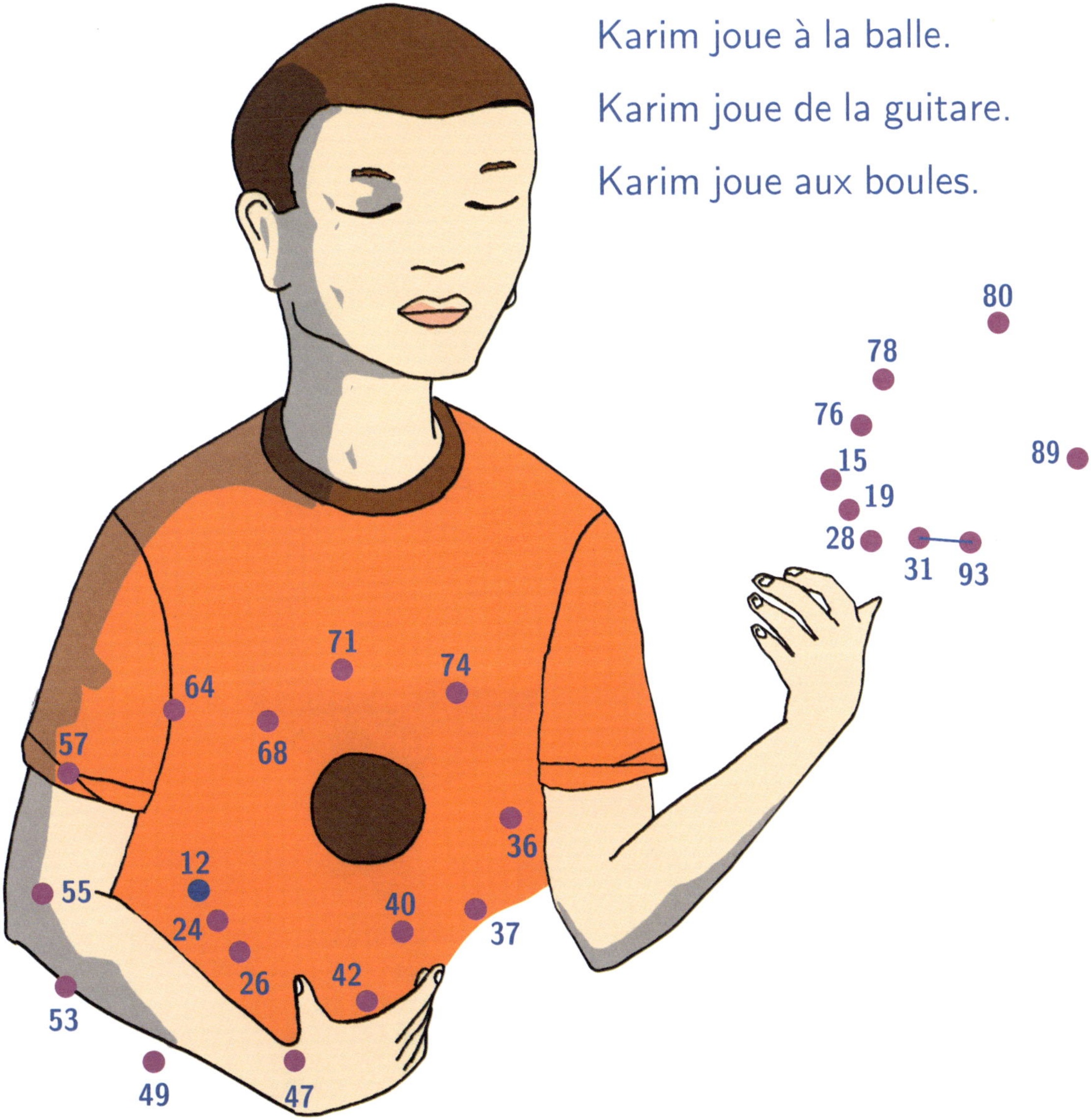

19 Réponse

conseil

Si l'enfant est particulièrement à l'aise avec les nombres, proposez-lui des jeux du même type en joignant les nombres du plus grand au plus petit.

~~Karim joue à la balle.~~

Karim joue de la guitare.

~~Karim joue aux boules.~~

20 L'« alpha-bête »

★ Pour connaître le nom de l'oiseau, écris dans les cases les noms des animaux par ordre alphabétique, puis recopie les lettres des cases colorées.

DROMADAIRE

MANCHOT

KANGOUROU

SAUTERELLE

PIGEON

LÉZARD

Ce bel oiseau est un…

		R				-		Ê		H			

20 Réponse

Utilisez fréquemment des jeux de classement alphabétique avant de demander à l'enfant de se servir d'un dictionnaire adapté à son âge.

KANGOUROU

DROMADAIRE

MANCHOT

SAUTERELLE

PIGEON

LÉZARD

D R O M A D A I R E

K A N G O U R O U

L É Z A R D

M A N C H O T

P I G E O N

S A U T E R E L L E

Ce bel oiseau est un…

M A R T I N - P Ê C H E U R

21 La coccinelle savante
(Modèles à découper)

★ Ces coccinelles sont utilisées dans la fiche 21.
Découpe-les en suivant les pointillés.

21 La coccinelle savante

maths

★ La coccinelle trouvera la bonne sortie en ajoutant à chaque fois 2 au nombre de la feuille où elle se trouve. Colle une coccinelle sur chaque feuille où elle doit passer.

Compter de 2 en 2 :
- 0, 2, 4, 6, 8, 10…
- 1, 3, 5, 7, 9, 11…

15	treize	14	12	dix	12
18	quinze	12 + 1	onze	9	10
16	17	six	5	7	huit
vingt	dix-neuf	1	3	4	6
22	20 + 1	25 – 2	20 + 5	vingt-sept	30 – 1
24	25 + 1	26	trente	32	33

21 Réponse

conseil

Multipliez les occasions de manipuler les nombres sous toutes leurs formes (en chiffres, en lettres, formes additives ou soustractives…) et de compter (de 1 en 1, de 2 en 2, en augmentant, en diminuant…).

22 Pile ou face

ouvrir l'œil

★ Dispose sous cette page des objets ayant de légers reliefs, puis frotte légèrement avec un crayon à papier pour obtenir leurs empreintes. Nous te donnons quelques exemples d'objets, ici et au dos de la page.

22 Réponse

conseil

Ce genre de dessin, qui demande une certaine délicatesse d'exécution (appuyer assez, mais pas trop), contribue à perfectionner la motricité fine dont la maîtrise est indispensable à l'écriture.

23 Calcul au sommet

maths

★ Pour aller de l'hôtel au refuge, ces 3 randonneurs ont mis 11 heures.
Par où sont-ils donc passés ? Trace leur chemin.

23 Réponse

conseil

Le calcul mental (ici, additions successives de nombres simples) est indispensable mais un peu aride. Procédez, comme ici, sous forme de jeu.

24 Désordre au château !

histoire

★ Remets un peu d'ordre dans les légendes de ce château fort.

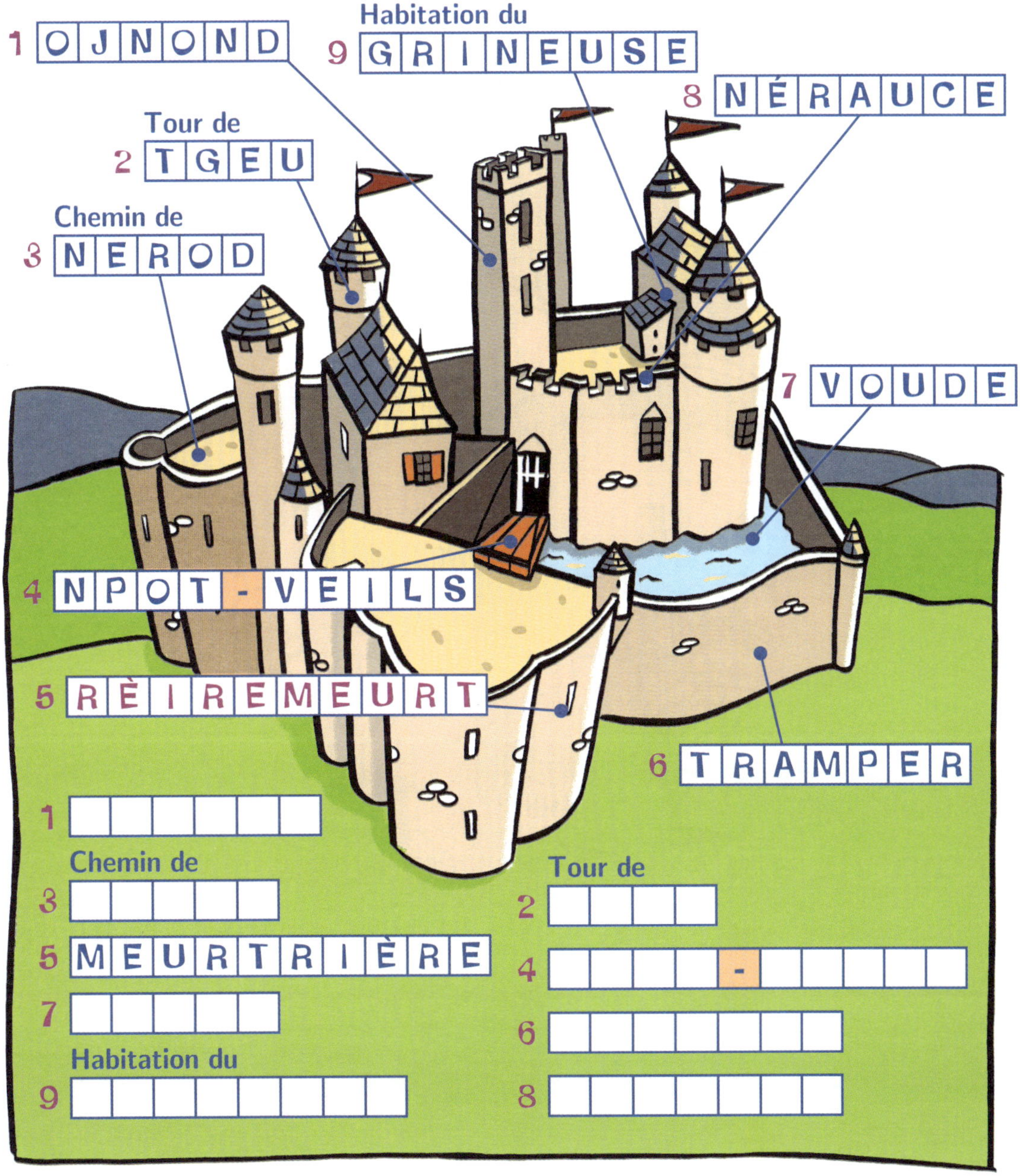

1 ______

Chemin de
3 _____

5 MEURTRIÈRE

7 _____

Habitation du
9 ________

Tour de
2 ____

4 ____-_____

6 _______

8 _______

24 Réponse

Profitez de vos sorties et visites pour mettre en place un vocabulaire historique (géographique ou autre) précis.

conseil

1 DONJON

Chemin de
3 RONDE

5 MEURTRIÈRE

7 DOUVE

Habitation du
9 SEIGNEUR

Tour de
2 GUET

4 PONT-LEVIS

6 REMPART

8 CRÉNEAU

25 Au programme

maths

★ Observe bien les 2 dessins et le programme, puis dessine sur les écrans ce que Nicolas et Marjorie regardent.

Programme du jour

8 h 30	Dessin animé	**11 h 30**	Dessin animé
9 h 10	Météo	**11 h 45**	Mon chien Médor (feuilleton)
9 h 20	La vie des poissons	**12 h 15**	Tennis
10 h 15	La lune et les étoiles	**12 h 45**	Informations régionales
10 h 40	Football	**13 h 00**	Patinage artistique

25 Réponse

conseil

Les indices à prélever dans cette lecture de textes et d'images sont comparables à ceux d'un énoncé mathématique. Pour préparer l'enfant à la résolution de problèmes, il est préférable de l'exercer souvent à ce type d'activités dans lesquelles le calcul proprement dit n'intervient pas.

10 h 15
(ou **10 heures et quart**)
La lune et les étoiles

11 h 45
(ou **midi moins le quart**)
Mon chien Médor (feuilleton)

26 Un texte secret

★ Déchiffre le secret du Chaperon Rouge et colorie l'image.
Tu comprendras pourquoi le loup ne l'a pas reconnue.
Si tu as besoin d'aide, utilise un miroir.

Le Petit Chaperon Rouge sait que le loup l'attend pour la manger. Alors, ce jour-là, pour qu'il ne la reconnaisse pas…

ELLE MET UNE ROBE VERTE, DES CHAUSSETTES BLEUES, DES SOULIERS ROSES ET UN CAPUCHON ORANGE.

Elle arrive dans la forêt. Le terrible loup, caché au pied d'un arbre, est si étonné qu'il ne pense même pas à la dévorer…

26 Réponse

conseil

L'enfant doit essayer de déchiffrer le message avant d'utiliser un miroir. Ce jeu « casse » les habitudes de lecture globale pour intéresser l'enfant à la constitution de chaque mot.

ELLE MET UNE ROBE VERTE, DES CHAUSSETTES BLEUES, DES SOULIERS ROSES ET UN CAPUCHON ORANGE.

Le loup ne pouvait pas reconnaître ce Petit Chaperon multicolore !

27 Le poussin

maths

★ Pour retrouver sa maman, le poussin ne peut aller d'un point noir à un autre que s'il y a 3 de différence entre les deux nombres placés de part et d'autre de ce point. Trace son chemin et colorie sa maman.

La soustraction

15 – 12 = 3 parce que
12 + 3 = 15
3 est la différence
entre 12 et 15.

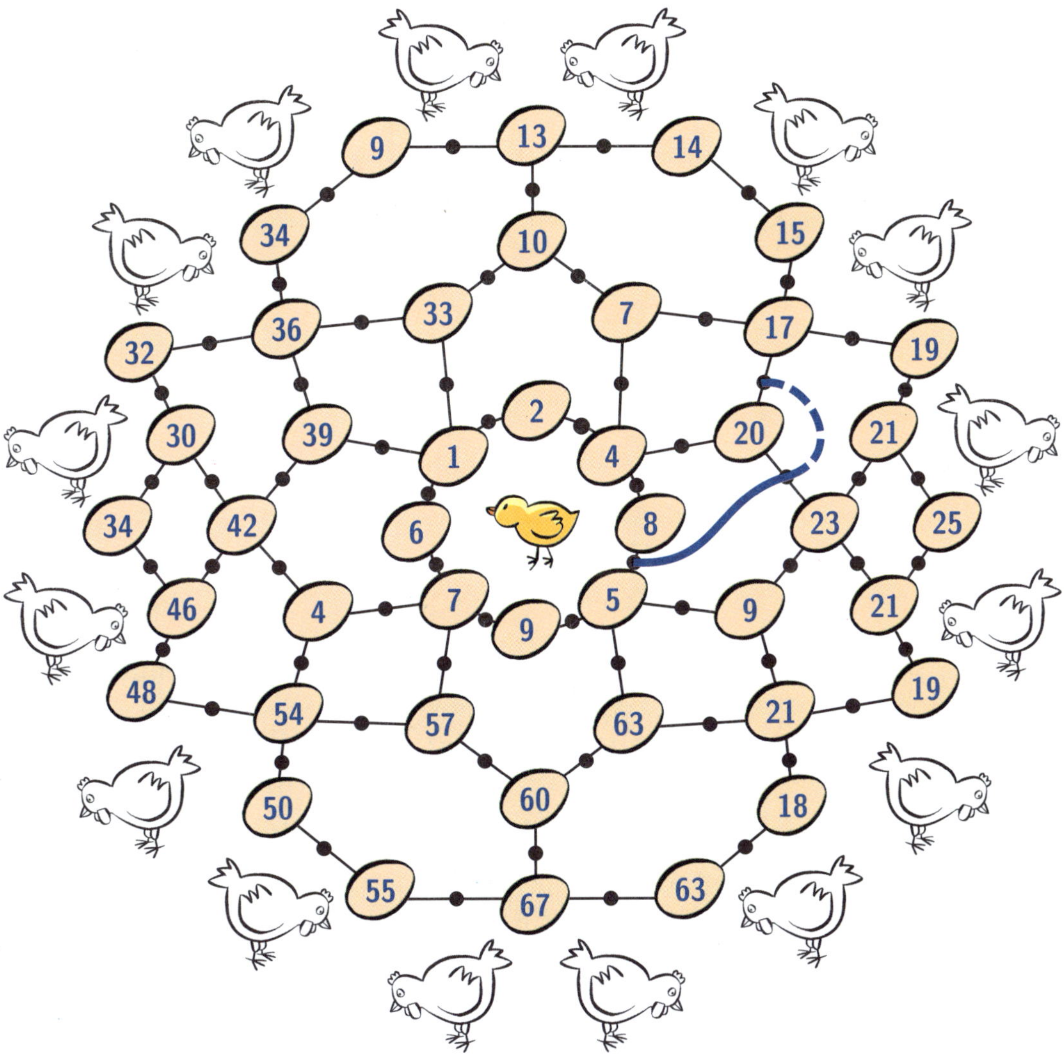

27 Réponse

conseil

L'enfant peut compter sur ses doigts pour effectuer les opérations de calcul mental.

Pour effectuer des soustractions simples, incitez-le à procéder par **recherche du complément** (nombre qu'il faut ajouter au plus petit pour trouver le plus grand).

22 – 19 = ? recherche du complément : 19 + ? = 22

28 Jeu de damier

français

★ Pour obtenir une phrase correcte de 10 mots, le pion doit passer successivement sur 10 jetons. Mais lesquels ?

Exemples de déplacements du pion.

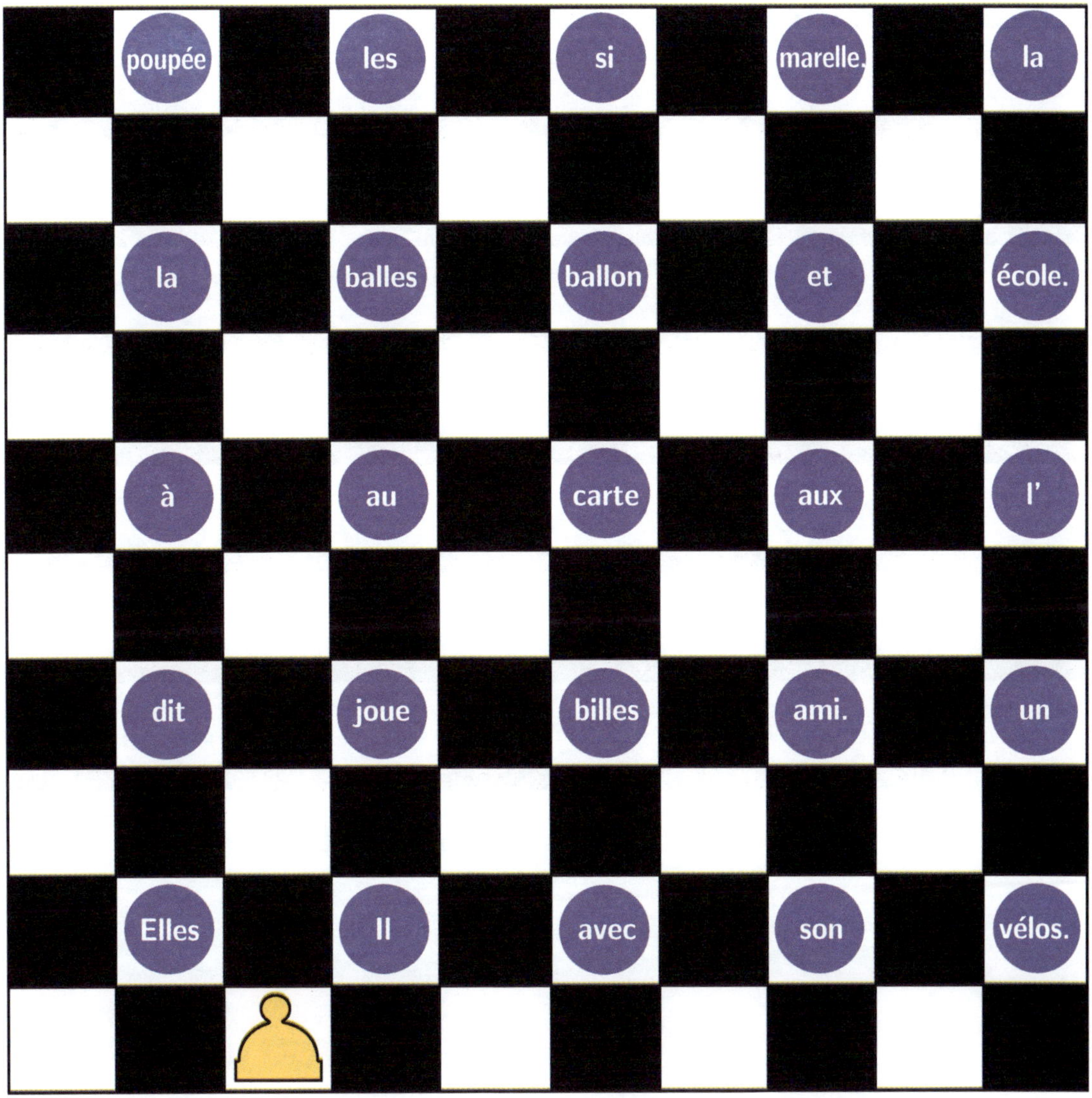

28 Réponse

conseil

L'enfant progressera en orthographe avec ce type de jeu qui oblige à rechercher à la fois un sens et des indices orthographiques écrits. Ex. « *Il joue à la balles* » est acceptable à l'oral, mais pas à l'écrit.

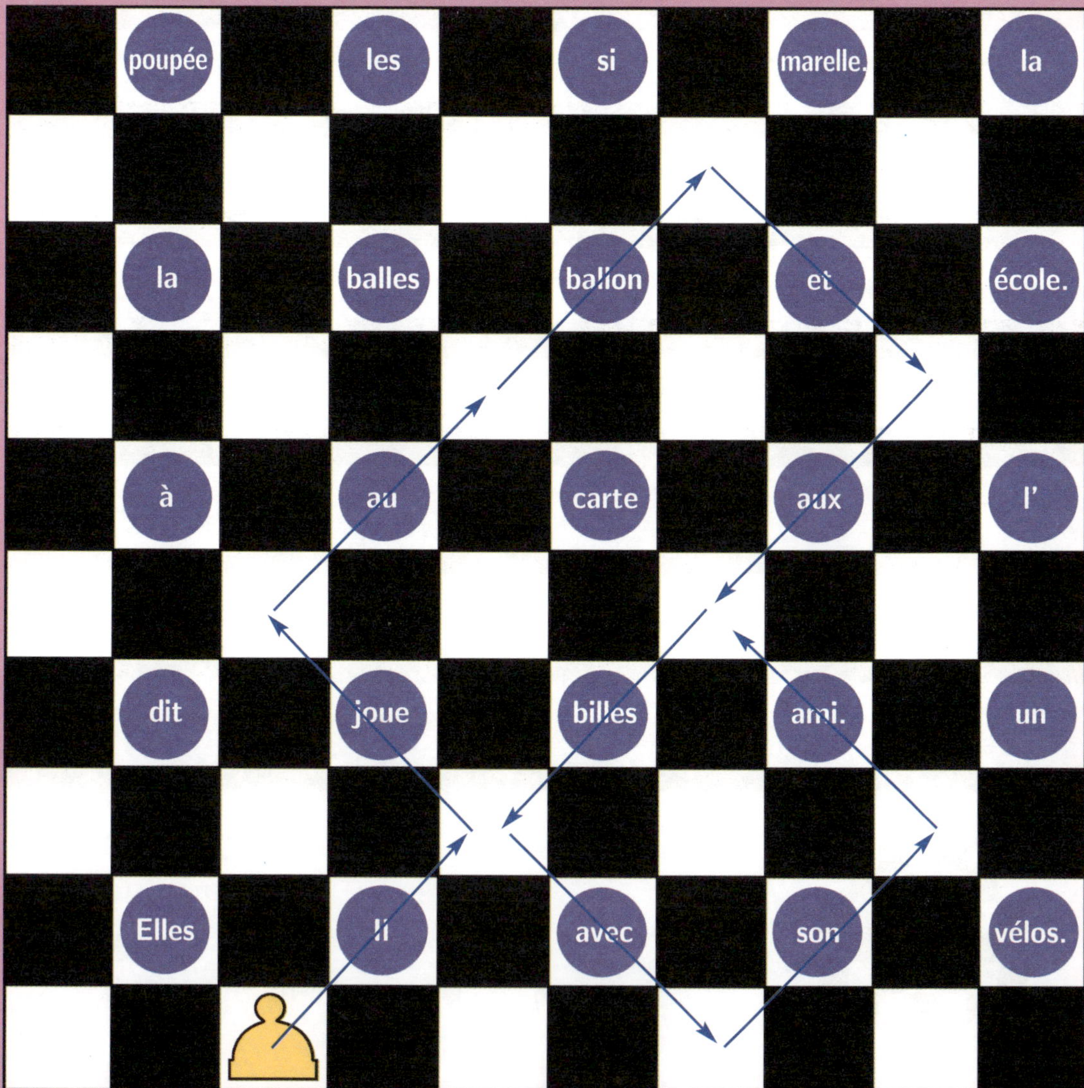

Phrase : Il joue au ballon et aux billes avec son ami.

(Une phrase commence par une majuscule et se termine par un point.)

29 Un puzzle, des puzzles

singulier	pluriel
un livre	des livres
une histoire	des histoires
un château	des châteaux

.... - ....

et les ....

★ Pour obtenir des silhouettes permettant de découvrir le titre d'un conte célèbre, colorie en gris les zones contenant un mot devant lequel on peut écrire « des ».

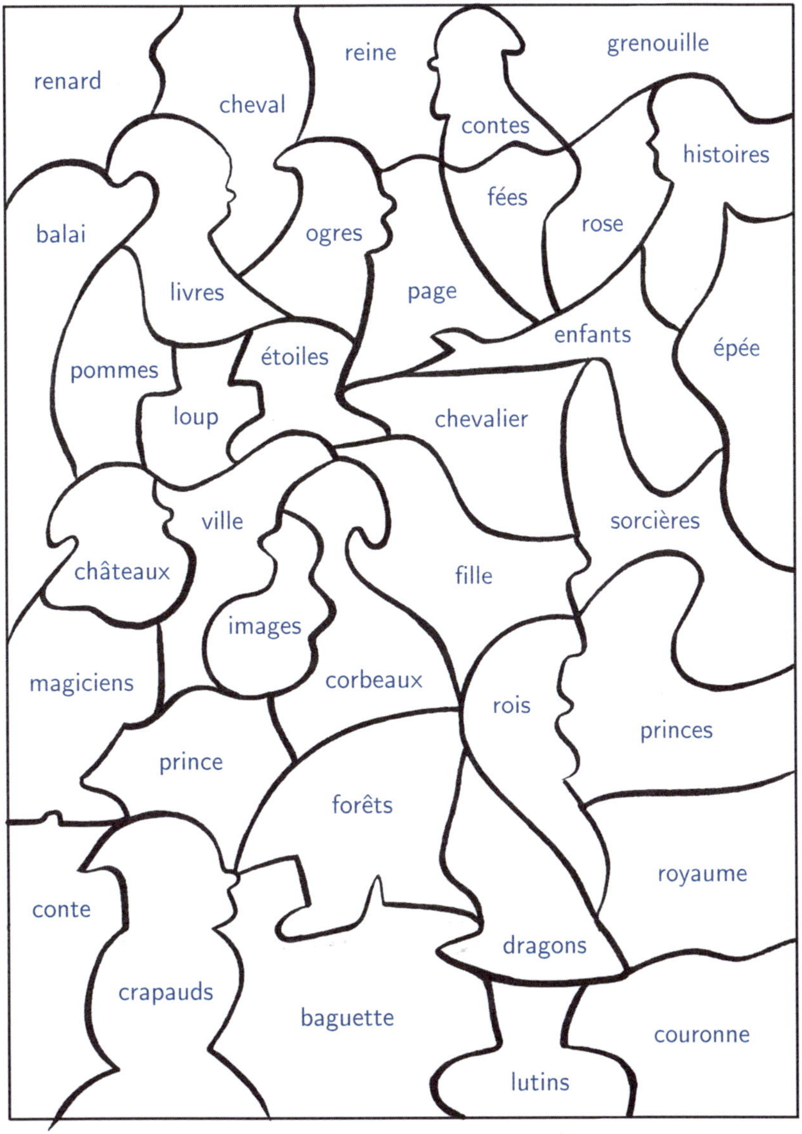

29 Réponse

Attention ! La lettre S à la fin d'un mot n'est pas toujours le signe du pluriel *(un bois, une souris…)*. Vous pouvez le faire observer à l'enfant à l'occasion de lectures.

Blanche-neige et les 7 nains

30 Les apprentis carreleurs

français

★ Les enfants parient que leur carreau pourra être placé à l'endroit qu'ils indiquent si l'on reproduit les motifs des 6 premières lignes.

Entoure « Vrai » ou « Faux » selon qu'ils ont raison ou tort.

30 Réponse

conseil

L'enfant peut reproduire le carrelage par motif, par ligne ou par colonne.

31 Fille ou garçon ?

Les mois de l'année

1. janvier
2. février
3. mars
4. avril
5. mai
6. juin
7. juillet
8. août
9. septembre
10. octobre
11. novembre
12. décembre

★ Tous ces enfants sont nés la même année. Pour pouvoir colorier le garçon ou la fille, trouve d'abord son prénom en écrivant dans les cases le nom des autres enfants, du plus âgé au plus jeune.

ANATOLE
14 décembre

CHLOÉ
30 janvier

LUCAS
12 mai

ÉLISA
18 avril

NASSER
23 septembre

IRMA
15 juillet

garçon

fille

31 Réponse

conseil

Apprenez à l'enfant à utiliser un calendrier, pour repérer des dates marquantes, compter les mois ou les jours qui le séparent d'un événement prévu… Apprenez-lui à connaître la succession des mois de 30, 31, 28 (ou 29) jours…

CHLOÉ
30 janvier

janvier →	C	H	L	O	É			
février								
mars								
avril →	É	L	I	S	A			
mai →	L	U	C	A	S			
juin								
juillet →	I	R	M	A				
août								
septembre →	N	A	S	S	E	R		
octobre								
novembre								
décembre →	A	N	A	T	O	L	E	

LUCAS
12 mai

ÉLISA
18 avril

NASSER
23 septembre

IRMA
15 juillet

ANATOLE
14 décembre

garçon

fille

C	É	L	I	N	A

32 Photo de classe

français

★ Pour compléter la photo de la classe avec les prénoms manquants, tu dois savoir que chaque enfant a été placé à côté de son « contraire ».

« Le **beau** temps » et « le **mauvais** temps » sont des contraires.

Lucas est **maladroit**. ●	● Mélanie est **adroite**.
Lucie est polie. ●	○ Xavier est faible.
Paul est rapide. ●	○ Jules est gai.
Karine est triste. ●	○ Marc est impoli.
Désiré est grand. ●	○ Pauline est petite.
Virginie est forte. ●	○ Léa est calme.
Kevin est agité. ●	○ Sarah est lente.

32 Réponse

conseil

C'est en parlant beaucoup avec l'enfant et en diversifiant les formulations (jouer sur les synonymes, les contraires…) que vous l'aiderez à accroître son vocabulaire.

Lucas est **maladroit**.	Xavier est faible.
Lucie est polie.	Jules est gai.
Paul est rapide.	Marc est impoli.
Karine est triste.	Mélanie est **adroite**.
Désiré est grand.	Pauline est petite.
Virginie est forte.	Léa est calme.
Kevin est agité.	Sarah est lente.

33 Un chauffeur plus ou moins aimable

★ Le chauffeur exige que chaque voyageur calcule le numéro de sa place en ajoutant ou en soustrayant les nombres qui se trouvent sur son billet et sur son sac (le signe de l'opération est sur le personnage).

Colorie la vitre de la même couleur que la valise du personnage qui doit s'y installer.

33 Réponse

conseil

Si nécessaire, l'enfant posera les opérations en colonne sur une feuille.

Additions	Soustractions
$14 + 31 = 45$	$52 - 21 = 31$
$26 + 13 = 39$	$88 - 44 = 44$
$5 + 45 = 50$	$55 - 6 = 49$
$28 + 12 = 40$	$62 - 21 = 41$

34 Chaud devant !

maths

★ Pour savoir la température qu'il fait et colorier l'image correspondante, associe une lettre à chaque mesure, selon le code donné.

1	A	8	H	15	O	22	V
2	B	9	I	16	P	23	W
3	C	10	J	17	Q	24	X
4	D	11	K	18	R	25	Y
5	E	12	L	19	S	26	Z
6	F	13	M	20	T		
7	G	14	N	21	U		

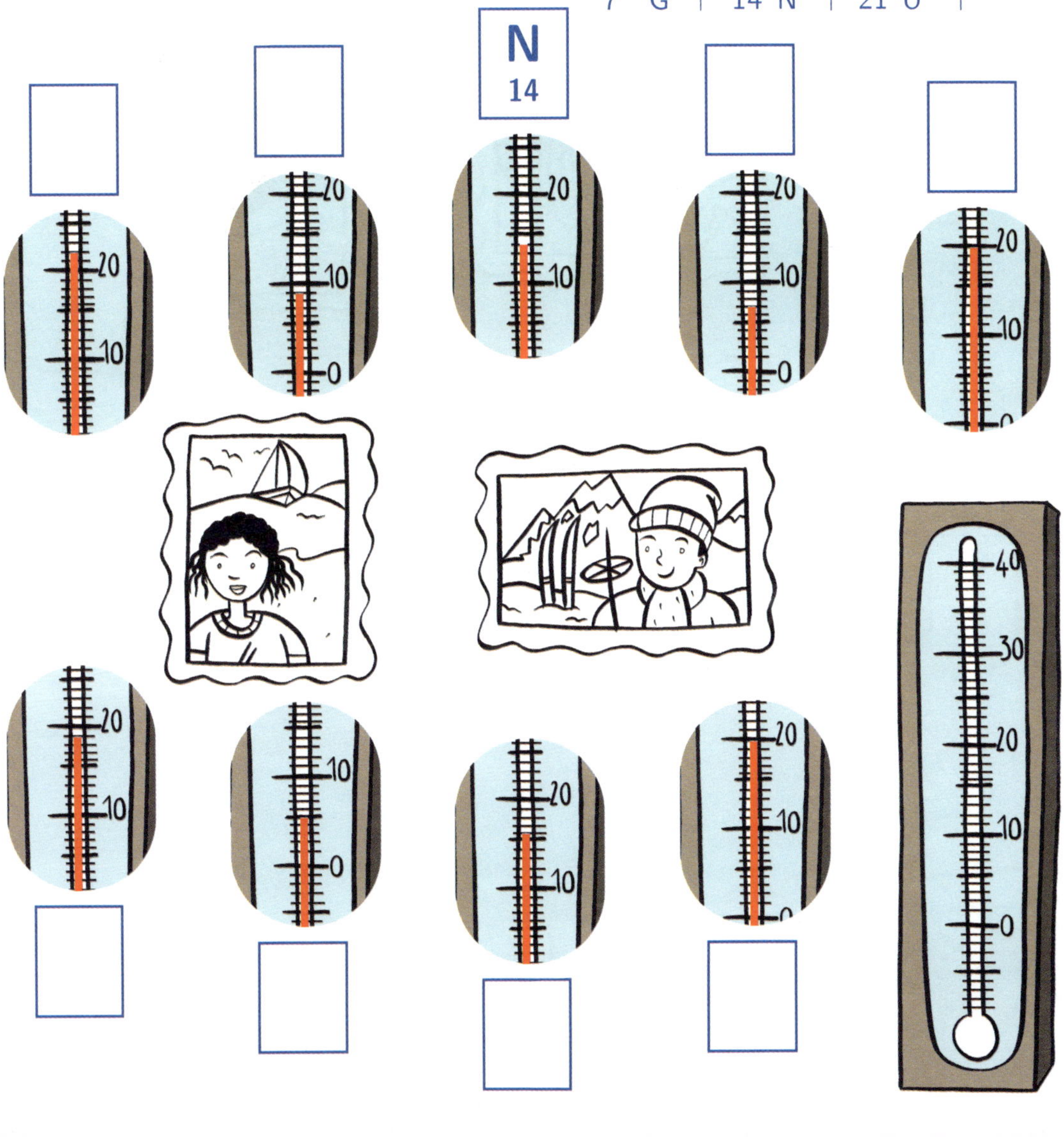

34 Réponse

conseil

Il faut se familiariser avec la lecture des mesures indiquées par différents instruments comme la règle graduée et le thermomètre, mais aussi la montre, le compteur kilométrique, etc.

35 Haut les mains !

ouvrir l'œil

★ Les enfants votent en levant une main pour choisir un jeu.
S'il y a plus de mains droites, on jouera au football.
S'il y a plus de mains gauches, on fera du basket.
S'il y a autant de droites que de gauches,
on jouera au rugby.
Colorie le ballon qu'ils utiliseront.

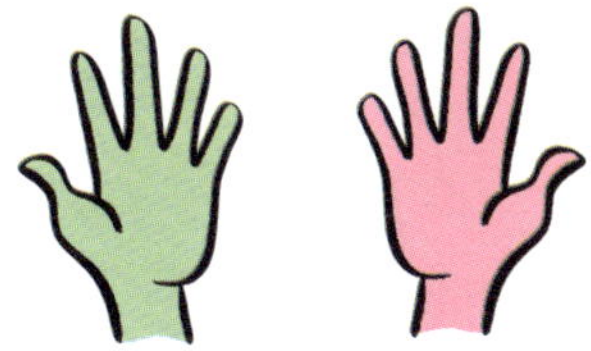

gauche droite

35 Réponse

Les problèmes d'orientation et de latérisation sont loin d'être maîtrisés pour des enfants de CP. Multipliez les jeux d'observation et de position (gauche, droite, à gauche de, à droite de, de face, de dos, etc.).

Il y a **11 mains gauches**, vues de dos ou de face, et **9 mains droites** (vérifie en plaçant tes mains dans toutes ces positions). On jouera donc au **basket**.

36 Une paire de colliers

maths

★ Isabelle fait un collier en classant les perles qui portent un nombre **pair**, du plus grand au plus petit. Caroline classe celles qui portent un nombre **impair**, du plus petit au plus grand.

> 0, 2, 4, 6, 8, 10, 12, 14… 36… 48 sont des nombres pairs.

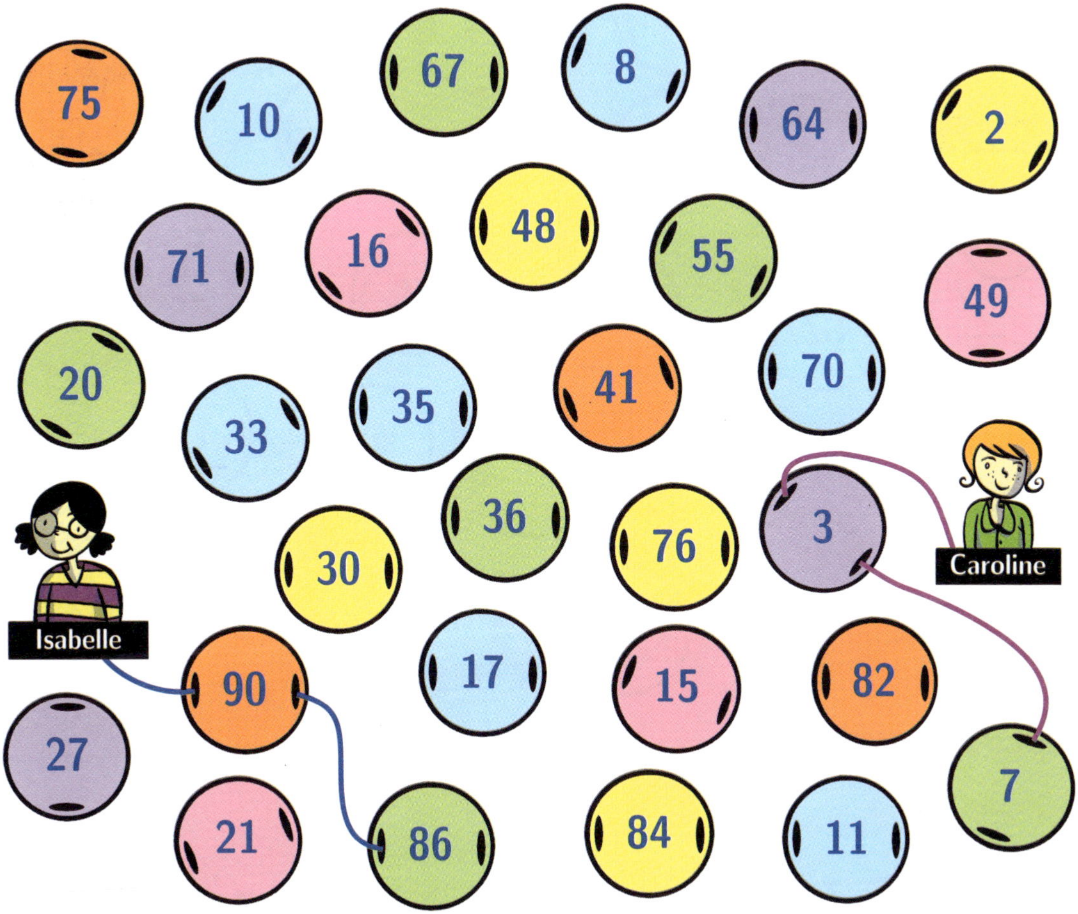

Coche les bonnes réponses.

	Vrai	Faux
Le collier de Caroline a **plus** de perles **que** celui d'Isabelle.	❑	❑
Le collier de Caroline a **moins** de perles **que** celui d'Isabelle.	❑	❑
Le collier de Caroline a **autant** de perles **que** celui d'Isabelle.	❑	❑

36 Réponse

conseil

Vérifiez que le vocabulaire mathématique et les notions qu'il recouvre sont bien acquis (pair, impair, plus que, moins que, autant que).

Les 2 colliers ont **15 perles** chacun.

Les bonnes réponses sont :

	Vrai	Faux
Le collier de Caroline a **plus** de perles **que** celui d'Isabelle.	❑	✗
Le collier de Caroline a **moins** de perles **que** celui d'Isabelle.	❑	✗
Le collier de Caroline a **autant** de perles **que** celui d'Isabelle.	✗	❑

37 Ça va faire du bruit !
(Modèles à découper)

★ Certaines de ces étiquettes décrivant des bruits sont utilisées dans la fiche 37. Découpe-les en suivant le cadre.

hou, hou	floc-floc
tic-tac	croa, croa
plouf	glou-glou
bzz, bzzzz	crac
pin-pon	vroum

37 Ça va faire du bruit !

★ À chaque image correspond un bruit. Redonne à chaque image son étiquette (à découper sur la page précédente). Puis, avec les lettres violettes, complète les mots de chaque phrase.

L'a__eille __ourdonne.

C'est le bruit du b__lan__ __er.

Le __ib__ __ hulule.

Le mécanicien répare le __ __te__ __ __.

Le __ __ __be__u croasse.

La sirè__e des __ __m__ __ers hurle.

37 Réponse

conseil

La transcription de bruits sous forme d'onomatopées est utile pour comprendre la valeur des lettres (ou les valeurs différentes). Demandez à l'enfant de lire à haute voix celles des bandes dessinées, ou de traduire des bruits divers par des associations de lettres (*clac*, *tac*, *zip*, *plouf*, etc.).

tic-tac

C'est le bruit du balancier.

bzz, bzzzz

L'abeille bourdonne.

vroum

Le mécanicien répare le moteur.

hou, hou

Le hibou hulule.

croa, croa

Le corbeau croasse.

pin-pon

La sirène des pompiers hurle.

38 Les figures fantômes
(Modèles à découper)

★ Ces figures peuvent t'aider à trouver la solution de la fiche 38.
Découpe-les en suivant leur forme.

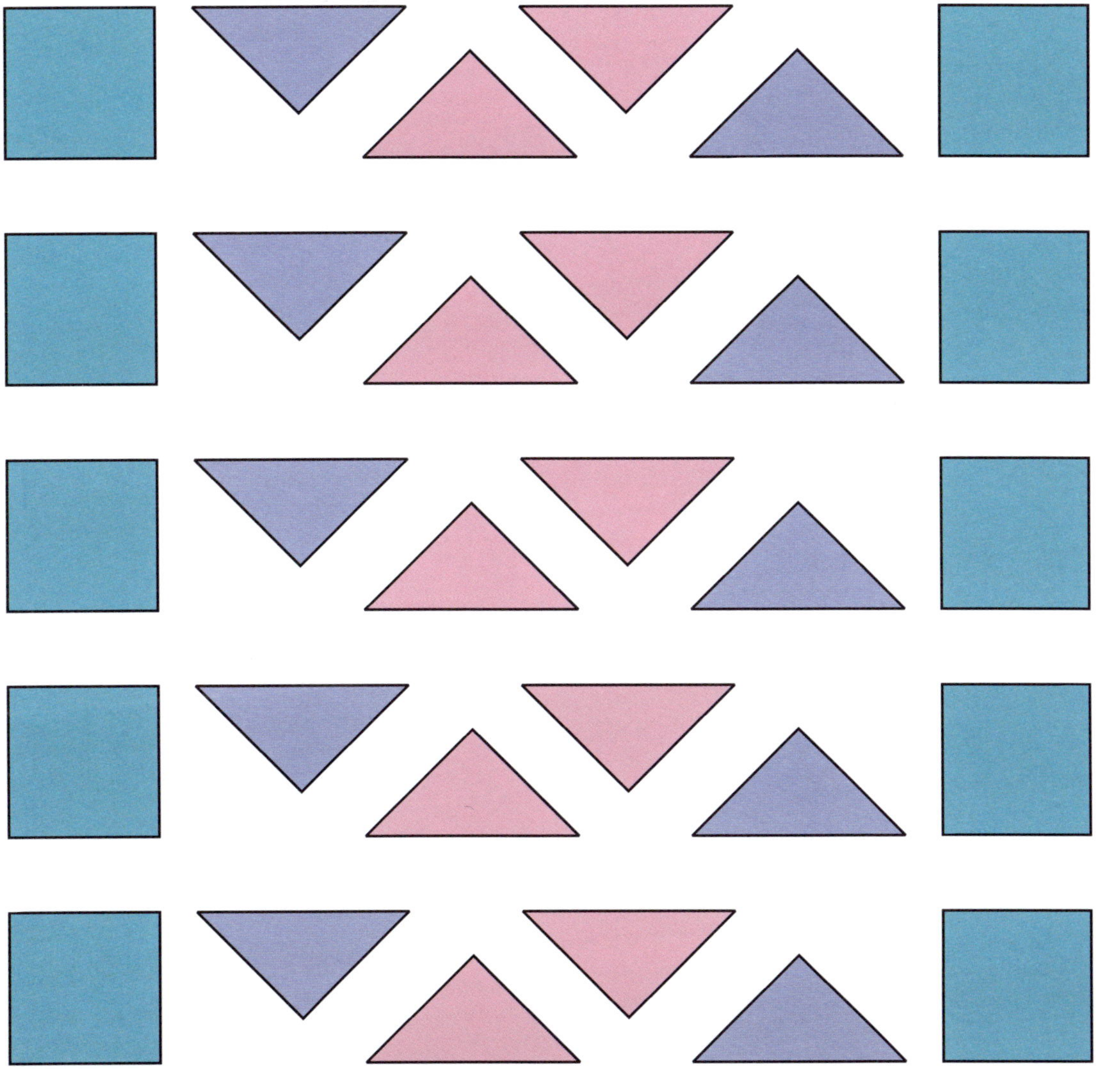

38 Les figures fantômes

maths

★ Une seule de ces figures ne peut pas être obtenue en plaçant côte à côte un carré et 2 triangles colorés (à découper sur la page précédente). Laquelle ?

38 Réponse

conseil

Ce jeu fait intervenir les notions élémentaires de transformations de figures telles que la symétrie, la rotation, la translation…
Le jeu de tangram permet ce type d'observations. Vous trouverez un tangram à découper à la fin du bloc (fiche 41).

39 Sous le signe du « C »

français

★ Pour découvrir 2 silhouettes d'animaux et écrire leur nom, colorie les différentes zones selon le code suivant :

- (orange) si l'on entend le **C** de ***ciel*** dans le mot ;
- (vert) si l'on entend le **C** de ***crabe*** dans le mot ;
- (bleu clair) si l'on entend autre chose.

Valeurs de la lettre C

C = [s] → *ciel, certain*
C = [k] → *crabe, cruel*
C + H → *chercher*
C muet → *blanc*

Le ______________________ et le ______________________

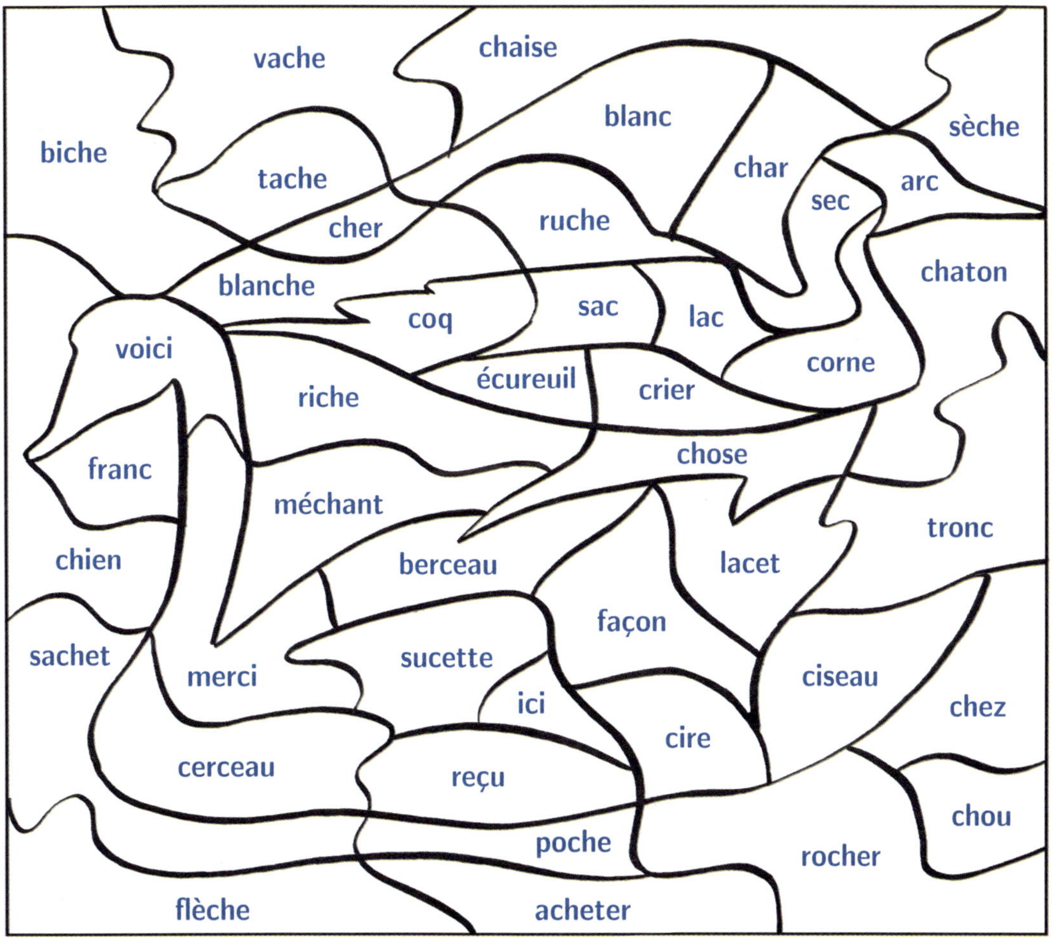

39 Réponse

conseil

Vous pouvez proposer le même genre de jeu de discrimination avec de nombreuses lettres (par exemple, S = [s] ; S = [z] ; S muet). Après le coloriage, donnez les modèles à l'enfant pour écrire les mots *cygne* et *canard*.

Le cygne et le canard

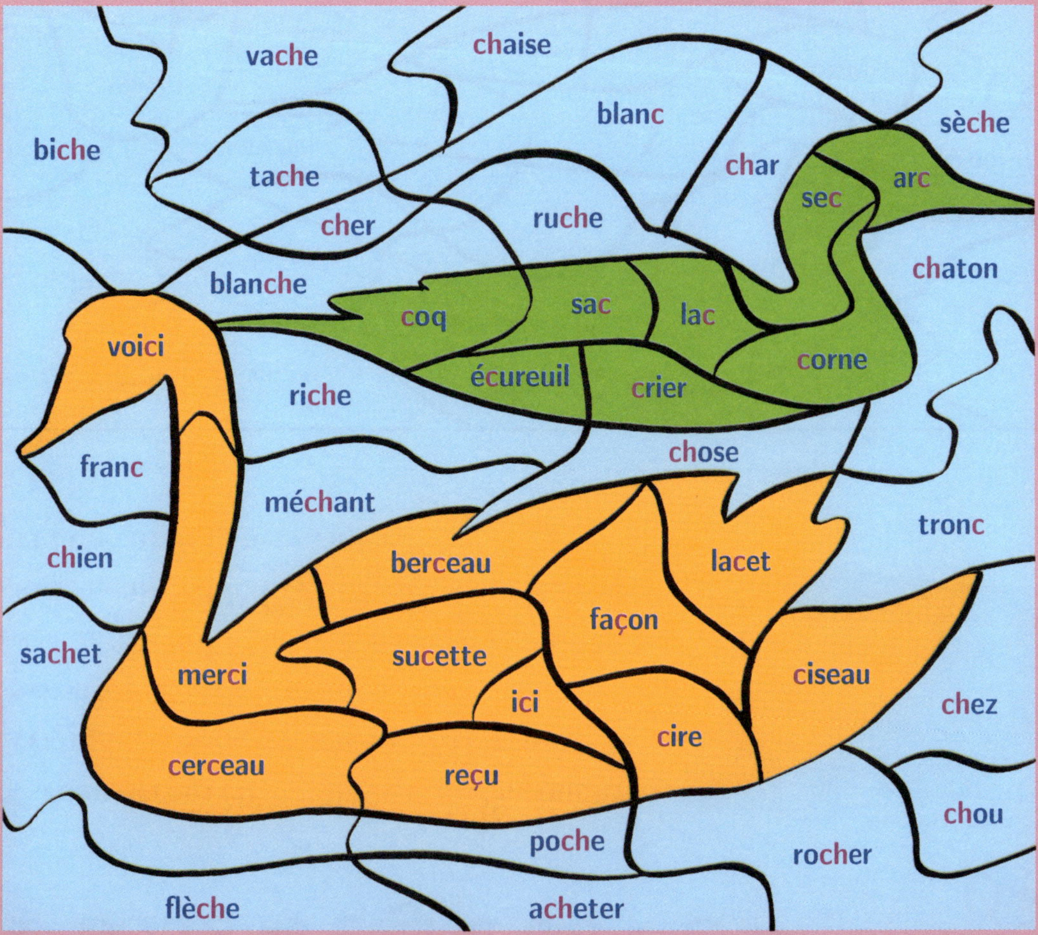

40 La route des affamés

ouvrir l'œil

★ Quel chemin Maman Poule doit-elle prendre pour porter un panier de graines au poussin sans rencontrer d'animaux qui pourraient les manger et sans se faire manger elle-même ?

40 Réponse

conseil

Vous pourrez vérifier si l'enfant a conscience des régimes alimentaires différents selon les espèces animales.
Introduisez un vocabulaire adapté, s'il n'est pas connu : herbivore, granivore, carnivore... proie, prédateur, etc.

41 Tangram

★ Avec ce tangram, composé de formes géométriques, tu vas pouvoir créer des objets, des animaux, d'étranges personnages ! Colle cette page sur un papier épais (carton, bristol), puis découpe chaque pièce de couleur.

42 Puzzle

★ Voici un puzzle en couleurs à découper, à mélanger puis à reconstituer. Colle cette page sur une papier épais (carton, bristol). Découpe l'image en carrés, en suivant les pointillés. Ton puzzle est prêt !

Feuilles de brouillon

★ Voici quelques pages d'écriture qui te permettront de poser tes opérations et d'écrire des histoires.

Feuilles de brouillon